Lázaro Francisco Acosta Ruiz

Como el agua en el agua

Lázaro Francisco Acosta Ruiz

Como el agua en el agua

A la memoria de Dulce María Loynaz

JustFiction Edition

Imprint

Cover image: www.ingimage.com

Publisher:
JustFiction! Edition
is a trademark of
Dodo Books Indian Ocean Ltd., member of the OmniScriptum S.R.L Publishing group
str. A.Russo 15, of. 61, Chisinau-2068, Republic of Moldova Europe
Printed at: see last page
ISBN: 978-620-3-57809-6

Como el agua

en  el

agua

Dedicado a Dulce María Loynaz

Poemario

Lázaro Francisco Acosta Ruiz

(Frank Calle)

INDICE

Página de créditos editoriales

Lázaro Francisco Acosta Ruiz

Como el agua en el agua

EDITORIAL ACADÉMICA ESPAÑOLA

Dedicatorias

A Dulce María Loynaz Muñoz

Premio Cervantes de Literatura 1992

Duendecillo que desde su obra,
cada noche con un poema me viene a buscar.

A Enrique Loynaz Muñoz

Influencia casi espiritual.
Muchas veces quisiera que en mi verso,
su pluma estuviese en mi mano...
¿Acaso estará?

Presencias...

- *"... desgraciadamente para mí, no soy un poeta de hoy [...] y ni siquiera de ayer... Tal vez lo sea de mañana, pero mañana es siempre tarde."*
  Dulce Mª Loynaz / Carta a José Mª Chacón, 1940.

- *"Cierto es: Cansa más soñar que vivir... Quien se cansó lo sabe".*
  Dulce Mª Loynaz / Carta a Caridad Bravo Adms / 1941.

- *"¡Mi Dios, quiero ser algo instrumental! Quisiera no haber jamás nacido y no morir jamás; ser tan solo una fuerza, un color, un sonido, una luz...*
  (Ser claro de luna sobre el mar)"
  Enrique Loynaz Muñoz / Quiero ser algo inmaterial.

- *"¡Que triste es la sala de un hospital de noche!"*
  Enrique Loynaz Muñoz. / (Así dijo y falleció).

- *"Ya no quisiera ser más que un estanque/ verdinegro, tranquilo, limpio y hondo"*
  Dulce Mª Loynaz / Juegos de agua, Madrid / 1947.

- Sí, ser "*como el agua en el agua*", como dijo Borges.

1) COMO EL AGUA EN EL AGUA

> Serrat me condujo hasta Antonio.
> Retamar me enseñó el camino y descubrí a Borges.
> Me encontré y renací en esas aguas,
> en las soledades nacidas de sus obras,
> pero Hernández Melo no las supero...
> Descansen en paz.

Las aguas se desbordan y arrastran a los muertos.
Solo los vivos se salvan, porque parecen sin vida,
porque no estaban despiertos.
Las aguas siempre las aguas...
Arrastran lo que ya expira:
las costumbres olvidadas;
las revoluciones sin vida;
las mentes que ya no piensan,
porque solo son silencios en la gran sinfonía de los tiempos;
tiempos que no regresan,
porque no estaban despiertos.

Las aguas, siempre las aguas...
Nunca descansan,
siempre en movimiento.
Destruyen lo que no sirve
y a veces son solo un verso:
son *"como el agua en el agua";*
acaso *"el pasado que vuelve como una ola";*
quizás como el tiempo en el tiempo que no pasa;
o como las almas entre las almas perdidas;
besos entre besos de una sola vida;
palabras entre palabras olvidadas.

(29/ mar/ 2020)

2) INSPIRACIÓN NOCTURNA

Cada noche un poema me viene a buscar,
y yo, creyéndolo duendecillo,
me dejo llevar.
Cada noche un poema
viene del mar,
traído por las olas,
que en todos los mares,
siempre llegan,
jamás se van.

Y así, noche tras noche,
mi duendecillo me viene a buscar,
surfea los mares del mundo,
deja el poema,
deja la ola,
y se va... (20/ Oct/ 2018)

3) TIEMPOS SIN RUMBO

Si yo tuviera siempre
aquella oportunidad del triste caminante,
de andar las calles del mundo,
sin sentido,
más allá del tiempo de los tiempos,
sin importarme si los días pasan
o si los insectos mueren, sin funerales,
en el olvido.

Pero,
podría quizás vivir mis simples días,
enajenado en sueños sin sentido,
en tiempos shakesperianos que existen y no existen,
en una ambigua y loca realidad,
donde todo es posible

si es imposible el olvido.

Ah, si yo tuviera siempre
aquella oportunidad del triste caminante,
de vivir entre nubes viendo pasar las horas,
no sabría quizás que el mundo se ha acabado,
no sabría tal vez que el sol se ha extinguido,
pensaría en amar, como nadie ha pensado,
soñaría con Dios, sin saber que se ha ido...

(4 / feb / 2018)

4) DISCÚLPAME... ¡OH MUJER!

"Un don y un destino. Alumbrar a los otros y quedarse en la sombra,
conducir a los demás y no llegar a ellos mismos...
Quizás sea el destino de todos los Apóstoles"

Dulce María Loynaz

Adoro tus conferencias modernistas.
Viajo libre en tus relatos canarios.
Lamento la poesía que no hiciste,
por investigar historias del pasado.

Tu vida fue un jardín imaginario
donde conjugan alegrías y bellezas,
poesía que brota florecida,
vivencias que transportan al misterio.

Discúlpame, ¡oh flor extraordinaria!
si rompo la métrica del tiempo.
No soy un verso de clásicos caminos,
solo pretendo compartir mis sentimientos.

Discúlpame, ¡oh mujer de carne y hueso!
(imposible pensar, sí, que no lo fuiste)
solo pretendo dar las gracias a la vida,
por ser coterráneo de una flor en verso.

(29/ octubre/ 2019)

5) PEQUEÑO HOMENAJE A ENRIQUE

(A la memoria de Enrique Loynaz Muñoz)

"¡Qué triste es la sala de un hospital de noche!"
Así dijo, y falleció.
Entró en la muerte sin una mano amiga,
por la crueldad innecesaria de humanos insensibles.
Así murió Enrique.
Así lo narró la Dulce María;
y así, respetando su memoria y su dolor,
así lo narro yo.

(19/ nov/ 2019)

6) PARA VENCER A LA MUERTE

Como piedras que lanzamos a un inmenso abismo
pensando que siempre al fondo llegarán,
así lanzo mis poemas al tiempo del olvido,
con la certeza de que un lector que no ha nacido,
nacerá.

Y es esa esperanza de vencer a la muerte
más allá de lo vivido,
la que da fuerzas al poeta
para morir en paz.
Pienso como el náufrago que lanza su botella
en el mar del olvido,
llevando un mensaje que hasta después de su muerte
le salvará.

Yo lanzo mis poemas en un sobre sin destino,
para que nunca lleguen ni puedan regresar.
Quedarán olvidados entre objetos perdidos
hasta que un destinatario desconocido,
sin nombre ni apellido,
encuentre mis poemas
y tenga que llorar.

(10/ mayo/ 2020)

7) EL TESORO DE GARACHICO

"*Es más difícil encontrar un tesoro que crearlo*" Dulce María Loynaz

Enterrado en el suelo de esa tierra de gigantes,
espera el velero María Galante,
por algún aventurero casa fortunas
que venga en su rescate.

Galeón de oro puro,
tesoro inmenso robado a los incas,
provocó la ira del gran Trevejo,
y aunque la historia es difusa,
para hacerla interesante,
como la cuenta María,
la Dulce María:
no deja de ser historia,
no deja de ser veraz,
simplemente es poesía,
al estilo de Loynaz.

Han pasado tres centurias,
del nefasto mes de mayo.
Primero la gran explosión del Trevejo,
que vomitó sobre el puerto
la furia de los infiernos
hundiendo al María Galante.
En eso discrepan autores,
que no aceptan que el velero,
no escapara en un instante.

Mar transformado en piedra,
piedra transformada en misterio,
misterio transformado en poesía…

Sí, es poesía la historia,
que no es de piratas ni de amantes.
Enterrado en el suelo de esta tierra
espera el velero sepultado,
cargado de oro y de diamantes. (12/ feb/ 2019)

8) LA ROCA Y LA OLA

Llega bravía la ola al arrecife que espera.
Día tras día, siglo tras siglo,
y en la batalla del tiempo contra el tiempo,
la roca dignamente se defiende,
con gallardía.

Generación tras generación,
una y otra vez, golpe tras golpe,
la ola desgrana la roca,
que con maña la surfea,
y la vence,
cada día.

Una y otra vez la ola viaja
hacia su destino,
siempre en ida
jamás en contra marcha.
Siempre en busca del arrecife,
más firme, más bravía, más espada,
puliendo la roca,
sin contar los días.

Por eso pienso que tú eres como la roca,
que impertérrita te niegas a aceptar
que en la lucha contra el amor,
estás perdida.

Sí, pretendes ser como la roca,
pero en vano intentas rechazar a ultranza
la rompiente que te asedia
que te abraza
transformando en límpida arena de serena playa
a la dura roca que fuiste un día.

(20/ Oct/2018)

9) *POESÍA CON ALAS*

Da gusto tomar las alas de poeta
y remontar los cielos infinitos;
y ver la tierra, el mar, las montañas, los ríos,
y escribir poesía silente,
como Chaplin,
que no era silente… y vivirá siglos.

Gusto da tomar las alas
y viajar a tiempos ya olvidados,
quizás por recordar
lo que no hemos sido:
ser poeta, sin dejar nada, ni un libro…
solo soñar que algún día un arqueólogo
encontrará las ruinas del poeta desconocido,
olvidado, perdido.

Gusto da tomar, sí, las alas de poeta,
y volar, volar, sin rumbo definido:
al pasado, para respirar historia;
al futuro, para escribir un libro;
al pasado, para cambiar la historia;
al futuro, para romper el libro… (7/feb/2018)

10) CAMINANTE A LA DERIVA

Yo gusto de andar las calles en la noche,
sin rumbo, sin sentido, casi a la deriva,

sin saber hacia dónde me conducen los caminos,
y detener mi marcha en parques solitarios,
habitados por amantes de otros tiempos,
que dejaron allí las huellas de sus días.
mientras que en los inmóviles bancos dormidos,
más de una virginidad quedó vencida.

Y gusto de andar por esas calles mías que me esperan,
y ver caer la noche, cuando ya se duerme el día,
pero me impacta ver cómo, en errático vuelo,
los murciélagos se apoderan de los cielos
y acaso una paloma, que vuela desorientada,
cae entre mis manos, sin vida.

Luego avanzará la noche,
la ciudad cerrará sus ventanas y abrirá sus piernas,
y una brisa fresca moverá las ramas de los árboles,
mientras yo, solitario, retomaré mi rumbo,
y me hundiré en las profundas callejuelas
de la ciudad condesa.

(6 / mar / 1969)

11) MUJER DE PASO

Entra con pasos firmes
y los presentes se maravillan.
¿Es morena? ¿O es rubia?
¿Es de 30 o de 50?
¡Quién lo sabría!

Pasa de largo,
como las aguas interminables,
arrastrando miradas y deseos,
y de momento,
su imagen queda como un retrato
que se fija en el pensamiento
de los que esperan.

¡Oh mujer del tiempo!
Eres música y eres silencio,
que andas por el mundo
y sin saberlo,
vas creando poesía.

Mujer, mujer de nadie
Mujer retrato
¡Quién lo sabría!
Mujer de paso,
que llegas y te vas,
sin un abrazo…

(17 / ene / 2018)

12) LA FAMA Y LA GLORIA

Pensando en Enrique Loynaz.

Quiero ser descubierto
después de muchos siglos
.más allá del tiempo
y del olvido.
Quiero ser poeta
en los tiempos que no han sido
cuando en todos los planetas
se hable del mío; sí, del mío.
Quiero ser poeta
de un pequeño libro
descubierto quizás en la luna Europa.
¿Y eso cómo ha sido?
Sé que pido mucho:
no pido la fama, efímera en el tiempo,
que muchos han vivido
y perdido.
Pido la gloria, que es eterna,
más allá del tiempo
y del olvido.

¡Pido la gloria! Lo máximo…
esa que trasciende los siglos
en los elegidos.
Qué importa para entonces ya estar muerto.
Qué importa ser en vida un desconocido.
Basta con saber, con vanidad terrícola,
que mis contemporáneos se lo habrán perdido.

(21/ ene / 2018)

13) EL MAR JAMÁS REGRESA

El mar y la tierra conviven sin fronteras,
ni principio ni final limitan su existencia,
ni siquiera las islas pueden declararse dueñas
de su pequeñez o su grandeza.
Isla o continente en nada se diferencian,
siempre el mar las domina,
limita su existencia.

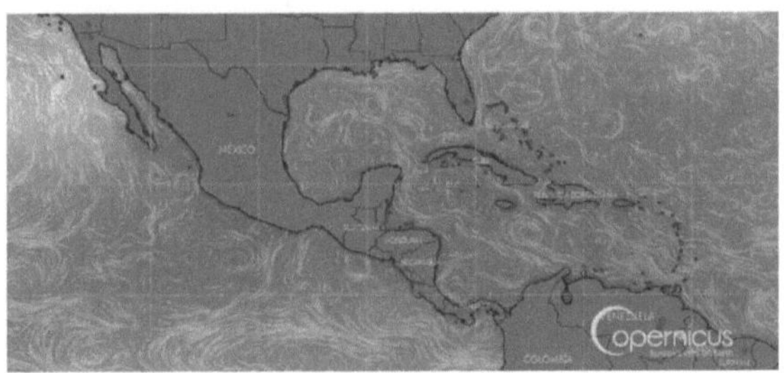

La tierra, siempre firme.
El mar, siempre inquieto,
con sus olas la ataca; o la besa.
La tierra es la constancia ortodoxa.
El mar, la revolución de las mareas.

Siempre unidos pero jamás juntos,
giran con el mundo,
que gira con violencia,

pero el mar no se derrama,
porque la tierra no lo deja.

Unidos eternamente,
el mar y la tierra luchan por su espacio vital.
Mar y tierra batallan milímetro a milímetro,
siglo tras siglo,
y necesariamente es el mar quien siempre vence
a la indomable tierra,
porque el mar
en todas partes del mundo,
siempre llega,
dulcemente enamorado,
o cargado de violencia
pero jamás retorna más allá de su naturales límites,
tiene alma de emigrante,
cuando llega, jamás regresa.

¿Y nosotros, qué somos?

Tú eres como la tierra, que cubre todos los espacios
de mi mundo sin fronteras;
y yo, soy como el mar,
el infinito mar que siempre te busca,
que siempre te corteja.

(11/julio/2019)

14) LLEGARÁS

¿Y si llegan las aguas,
  y no estás?
¿Y si llegan los vientos,
  y te has ido?
¿Y si llega Dios,
  y no has llegado?
Y si llega el amor...
 ¡Yo no me he ido!

(3/ ene/ 2018)

15) EPITAFIO AL POETA DESCONOCIDO

Pensando en Emily Dickinson
Sufriendo por Flor Loynaz[1]

Dulce María y Flor Loynaz.

> *Cuando pongo en algo / un poco de amor/ pronto se me pierde.../ Y mi amor es ya / como es la luna / empalidecida / al filo del alba..."*
> Flor Loynaz

Un día que se va, tras otro que se ha ido.
Una noche más, y una menos,
en la cuenta sin retroceso de una vida que
empieza.
¿.Qué somos hoy? Preámbulo de mañana.
Poema inconcluso, poema que no ha sido,
un día que se fue, más otro que no llega.
¿Y el poeta? ¡Quizás no ha dormido!
Es triste tener que contar
la secuencia fatal de días y noches,
que se van, y no regresan.
Un día que no es día, si en la noche del poeta
nada queda.
Y así, sin que el mundo lo conozca,
el poeta que no ha sido,
sin que se sepa, escribe y escribe,
escondido, tras el tiempo que se le acaba
como si la vida se le hubiese ido,
silente, sin hacer nada.
Más un día supremo, final de los destinos,
no habrá días de más, ni noches que no llegan,
vendrán familiares, y amigos que no se han ido.
Todo terminará en un abrazo de dolientes,
en una lápida,
en una simple lágrima,
quizás en una obra eterna
quizás en un simple libro.

(10 / mar / 1969)

[1] Cuando el poema se escribió en 1969, el autor era muy joven y nada conocía de la familia Loynaz, pero 50 años después el poema parece hecho pensando en Flor Loynaz , y a ella se dedica.

16) EL ANZUELO Y EL PEZ

Andaba el pez tras el anzuelo plateado
cuando de pronto le da un mordisco y queda atrapado.
Se inicia la terrible lucha.
Pez y anzuelo, anzuelo y pez,
hasta que por fin el pez queda
liberado.
Dolida suerte la del pez
pescado,
que logra escapar del anzuelo,
con la boca lacerada, pero…
¿Lo sabe el pez?
¿Es consciente de su suerte?
¿Sabe de qué se ha librado?

tuencuentrofavorito.com

Y el anzuelo…
¿Dónde está? ¿Qué le ha ocurrido?
Dolida suerte la del anzuelo
que al fondo del mar ha caído,
al perder su pez,
que lacerado ha huido.
¿Pero lo sabe el anzuelo?
Anzuelo y pez han luchado
y sin saberlo ambos se han liberado…

Extraña suerte la de los libertos,
que de pesadas ataduras se han librado.
Se quejan de las heridas que la libertad deja,
se aterran de perder al querido amo,
sin saber lo que significa ser libres,
sin comprender lo que significa
dejar de ser esclavo.

(27/ feb/ 2018)

17) TODO o NADA…

Quiero pensar que la vida comienza cada día,
cuando sale el Sol cada mañana.
Es como nacer cada nuevo día,
para vivir una nueva vida,
pero de una sola cucharada.
Cierto que es idilio de poetas
vivir y morir de un solo golpe,
día tras día,
poema tras poema,
como el bebedor sin barreras
que cada nuevo día empina su botella
en un sorbo infinito,
sin pensar en la vida,
decidido a tomársela de un solo trago,
sin medir las consecuencias
de vivir en la nada.
¿Acaso no es así la vida del artista sin fronteras,
que nace cada día parado ante la tela,
y no la suelta hasta que la acaba?
La creación a ultranza es solo eso: todo o nada.
Esa es la vida de lo que somos,
cuando somos cada día solo eso:
un poema que nos fascina, con rima o sin rima;
un relato que nos impacta con una palabra;
un sublime acorde que rompe las cuerdas cuando termina;
una pincelada que empieza y parece que nunca acaba.
Es como nacer cada nuevo día
predestinados a vivir el placer de la creación
pero de un solo sorbo, de una cucharada…

(14/ marzo/ 2019)

18) PUERTAS

De puertas hacia afuera
vivo mi vida,
basada en mi guión
actúo, simplemente actúo.

De puertas hacia adentro
vivo mi silencio.
escribo mi guión,
sueño, simplemente sueño.

De puertas hacia arriba
navego por el tiempo en mi isla fantasma,
navego por los mares de todos los libros.
Navego, simplemente navego.

De puertas hacia abajo
mi silencio, de tanto silenciar, enmudece.
Mi guión, sin nuevas páginas por contar, se acaba.
Pienso, simplemente pienso.

¿Y si no hay puertas?

Siempre las hay,
depende del pasado que tuviste,
ya conozco el final.
Espero, simplemente espero…

(26 / nov / 2018)

19) POEMA DE LA UNIÓN IMPOSIBLE

El presente que nos une nos separa
porque el tiempo lo vivimos diferente,
aunque digan que el amor siempre cuenta,
el amor existe solo en el presente.

Ya sabemos que el efímero presente,
es la nada y es el todo al mismo tiempo,
sin amor no hay presente ni futuro.
sin presente no habrá nada simplemente.

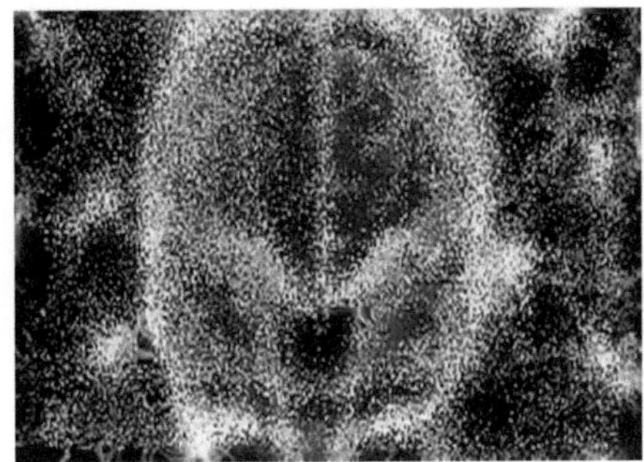

Tú me arrastras a la magia de tus aguas,
catarata indetenible todo el tiempo,
el presente que nos une nos separa,

nos separa si es verano o es invierno,
porque el tiempo lo vivimos diferente:
sí, tú eres la vida, yo los recuerdos.

(26/ mayo/ 2019)

20) EL MAR, SIEMPRE EL MAR

Trajo la vida.
pero también trae la muerte.
Trae inmigrantes desesperados.
Lleva desesperados que emigran.
A veces trae enemigos invasores,
pero también trae patriotas que liberan.

El mar, siempre el mar.
Siempre asociado a la vida de los isleños.
Siempre añorado por los que nunca lo han visto.
Tormentas y maremotos nos traen su furia.
Turismo y amores nos traen sus playas.
Y además, las mareas;
mareas altas y bajas que envía la luna
a los enamorados.
El mar, triste o alegre, siempre el mar;
y allí, eterna durante siglos
la roca que lo desafía.
Símbolo de la fuerza contra la fuerza,
resistiendo el embate de las olas,
un día tras otro,

un milenio tras otro.
surfeando de roca en roca
de playa en playa.
Olas que siempre llegan,
pero jamás se van.

(20/ene/2019)

21) CASADOS Y AMANTES

"Soy la vaina del rayo" / Delmira Agustini - Montevideo

¡Rayo que cruzas la noche y rompes el corazón!
Sangrante dejas la herida,
solo misterio, dolor.

Es el día de la boda,
después de años de amor.
La pareja se consuma ante Dios.
Mas de pronto,
acaso demasiado pronto,
cuando todavía Dios no se ha ido,
se anuncia el divorcio inexplicable,
divorcio sin divorcio, porque sigue el amor.

Nadie sabe lo ocurrido.
Misterio, solo misterio;
dolor, dolor de amor.
Ni siquiera el Diablo entiende
lo que Dios no consumo.
Y como si Dios no los viera,
los amantes que ahora son,
ante todos, se divorcian,
pero en secreta guardilla
viven un drama de amor.

Pasan los días y pasan...
Los relojes de la muerte lloran en silencio;
nada detiene el tiempo que inefable transcurre,

sin comprender la razón.
Solo los amantes saben (si es que alguien lo sabe)
lo que ni el destino sabe, y les depara a los dos...
Y el tiempo finalmente se acaba,
la fecha del divorcio se aproxima,
y los amantes se abrazan...

______ _______ _______ ______

¡Rayo que cruzas la noche y rompes el corazón!
(Delmira... ¿Qué pasó? ¿Qué paso?)
Se pregunta la Loynaz, cuando la historia narró;
se pregunta, se pregunta,
y hasta se pregunta Dios...

¡Falso! No fue el rayo, no fue un disparo desesperado.
Fue la centella que conectó corazones imposibles,
¡y hasta la tierra tembló!
Misterio, solo misterio,
dolor, dolor de amor.
Acaso cenizas de otro tiempo,
de vidas paralelas que vagan en el universo,
y que Dios unió.

(20| nov| 2019)

22) VELERO AL PASTEL

Pasa a la distancia exacta,
envuelto en las sombras de la tarde que fenece.
Es la perfecta silueta de un velero fantasma,
que a la vista del catalejo
se balancea de popa
y parece naufragar.

Es tan perfecta su vista
que es imposible afirmar,
si se acerca o si se aleja
(si me acerco o si me alejo)

para poderlo apreciar.

Creo ver al grumete en la proa.
¿Es cierto? ¡Es tan real!
Lo veo, y me maravillo
¿Será posible comprarlo?

Es imposible saberlo,
en venta no debe estar,
es recuerdo de familia,
no es más que un cuadro realista
que un pintor naturalista,
hizo en la tarde a la mar.

(dic /17 /2018)

23) LO QUE EL VIENTO NO SE LLEVÓ

El viento se fue, y tú no estabas.
Busqué en todos los rincones,
detrás de las peores palabras,
borré los viejos errores,
pregunté a los espejos mágicos,
apagué la luz para hablar a los espíritus,
salí a las calles,
interrogué a los ciegos,
hablé con los mudos,
hice milagros,
paré el tránsito y busqué en los ómnibus,
me fui a los campos,
te busqué entre las flores más bellas,
y entonces,
en medio de la desesperación,
una mariposa reina,
me dijo que no te buscara,
que el viento no se llevó nada,
simplemente tú no te has ido,

ni siquiera has venido,
y yo, solo soñaba. (16/ agosto/ 2019)

24) DESPUÉS DEL ACCIDENTE

De pronto el impacto, la sorpresa,
el grito.
Todo fue inesperado,
aunque no lo fuera su probable destino.
Retaba a la muerte,
en cada curva, en cada camino.
Todo y nada, en una jugada,
en un desatino.

Por la calle quedaron sus despojos.
Aún lloran los hermanos,
la madre,
los amigos,
la desamparada viuda.
Tras la ventana del balcón cercano
los vecinos sufren,
y en el jardín las flores preparan la despedida.

Luego todo acaba; y todo sigue:
algunos recuerdan;
otros olvidan;
los hermanos, la madre, los amigos,
la desamparada viuda,
inevitablemente todos vivirán su vida.

Luego todo acaba y todo sigue.
Pero allá, con el pasar de los días,
en la pequeña camita,
bajo la almohada,
dos huerfanitos lloran.

(6/ mar/ 1970)

25) GUITARRA SIN CUERDAS – *(Pensando en Dulce María)*

La soledad abruma,
nos deja rodeados de misterios,
mientras el mundo da vueltas.
Todo son interrogantes,
preguntas de las cuales,
es mejor no tener Respuestas.

(Acaso las tuvo la Loynaz…)

Nacen las flores porque nacen,
mueren las estrellas aunque las veas,
desde hace siglos ya están muertas.

Mueren las olas sin saber dónde nacen,
ni por qué las rocas las esperan.
Las olas nacen cuando la luna quiere,
y de eso los amantes se aprovechan.
Todo son interrogantes,
y para algunos, letra muerta.
La soledad abruma a los que siempre esperan,
aunque no lo sepan.

(Acaso lo supo la Loynaz…)

Por eso, cuando no tengo respuestas,
busco mi vieja guitarra,
y sueno, sueno las cuerdas,
aunque nunca aprendí a tocar guitarra,
solo la utilizo para romper la inercia,
para cantar canciones que nunca tienen letra,
aunque a la guitarra ya no le queden cuerdas.

(23 / agosto / 2019)

26) PLANETA AZUL - (Inspirado en un texto de Dulce María Loynaz)

Podrán existir mundos sorprendentes,
donde humanos como nosotros,
viajen a las estrellas
o sigan viviendo en cuevas.

Podrán existir mundos fantásticos
donde la vida sea eterna;
no existan estaciones,
siempre sea primavera.

Pero nunca existirá un mundo
como el nuestro,
con un Sol que ilumina,
es origen de la vida,
pero no quema.

Un mundo de dimensiones perfectas:
ni más lejos, ni más cerca.
Con una Luna, solo una,
que es como un lunar, que en la noche,
realza su belleza.

Sí, podrán existir infinitos mundos,
pero ninguno, ninguno,
con una Luna que a la distancia exacta,
haga posible que existan las mareas.

(24 /abr/ 2018)

27) EL MAR Y YO

(Conversando con Nicolás Guillén...)

Vengo del mar, del mar vengo,
Después de amar lo que no tengo.
Vengo de amar, de amar vengo,
después del mar todo lo tengo.
Vengo de estar, estando tengo,

si tengo el mar, ¿qué ya no tengo?
Vengo de amar el mar que tengo.
¡Tengo el mar, todo lo tengo!

(Conversando con Dulce María)

El mar me apasiona,
lo llevo dentro.
Quizás fui pirata o bucanero;
o navegante del gran Nelson...
Al mar le temo como a un padre
cuando esta violento,
pero me seda, me hipnotiza, me adormece,
cuando sus mareas chocan contra las rocas
suavemente...

Javier Moriega - 21 oct, 2014
https://abcblogs.abc.es/espejo-de-navegantes/

Quizás fui un nativo de Cuba que pescaba en la playa,
cuando las carabelas de Colón llegaron de repente,
y sin saber lo que ocurría,
me vi transportado por aquellos Dioses a través de los mares,
viajando en la Santa María.
Quizás, quizás...
Pero el mar está detrás de cada interrogante,
me apasiona,
lo llevo dentro.
¿Acaso defendí con mi vida la de Magallanes
en trágico día?
¿O la perdí en Trafalgar?
No importa el lugar o si son ideas mías.
Siento que vengo del mar,
del mar vengo.
Quizás haya viajado en la Santa María,
lo siento dentro...

(nov. / 3/ 2019)

28) ISLAS

Nadie como Dulce María Loynaz caracterizó esa naturaleza exclusiva, en sus narraciones sobre Tenerife, que le valieron ser reconocida como hija adoptiva. Lecturas como esas estimulan el deseo de mirarnos a nosotros mismos, en nuestra condición de isleños, y de esa introspección nació el siguiente poema.

La miradora del Teide

Somos lo que somos, porque fuimos lo que fuimos.
Subdesarrollo insular que llevamos casi con honor.
Somos música, para esconder la tristeza de nuestras almas.
Somos arte, para llenar la soledad de nuestras vidas.
Somos sol, para esconder la oscuridad que nos ilumina.
Somos mar, para desbordar y borrar el sabor amargo de nuestros fracasos.
Somos alegría, para encubrir el llanto y el dolor por nuestros mártires.
Somos amor, porque solo con amor es posible superar
la tristeza, la soledad, la oscuridad, el sabor amargo,
el llanto y el dolor de un pueblo que nace y vive sin fronteras.

Escrito (6- mar- 1969) Modificado (9-mar- 2018)

29) INSPIRACION POR CONTAGIO

A Gastón Baquero, muchos años después.
Simplemente no lo descubrí antes de su centenario.
Hoy España no los devuelve, como un beso.

Cuando penetro en la poesía de alguien
(que es como decir en la vida de la vida)
no sé por qué
me siento como en lo profundo de alguna
piedra loca;
o tras la reja de aquella cárcel que guarda hombres
inmortales;
o en un lugar de todas dimensiones,
perseguido por algo que quiere entrarme al cuerpo,
y que me ciega,
o que me inhibe serenamente,
porque...
Cuando penetro en la poesía de alguien
no sé por qué
me siento como en lo profundo
de alguna piedra loca. (9/ ene/ 1969)

30) NACIDOS A DESTIEMPO

Miro al pasado, y me veo vivo.
Miro al futuro y me veo deshecho.
Yo no nací para vivir en ese siglo,
¡Oh madre, y tú tampoco!

Pasa el tiempo,
implacable enemigo de las vidas incompletas,
y te encuentra
y se sorprende:
"¿Qué haces aquí? ¿Qué esperas?
La vida se te acaba y tú no llegas."

Oh madre,
tú no naciste para vivir en este siglo.
tú que fuiste todo música,
no pasaste de ser todo silencio.
Voz maravillosa y piano de oído,
fuiste genio malogrado, que pudo ser y no fue,
imposibilitada por las costumbres machistas
que matan naturalezas.

Oh madre,
silenciada, opacada, herida, débil,
cambiaste voz, piano, escenario y éxito
por una escoba y una familia que cuidar.
Tú que naciste para vivir en otro siglo,
en otras décadas, en otro contexto,
en tiempos de arte inolvidable.

Oh, madre,
otros triunfaron porque fueron fuertes,
no aceptaron las reglas del juego,
no se dejaron imponer otros destinos.
Por eso hoy yaces aquí,
desconocida, dedicada al cuidado de una familia,
cantando como un ave, al compás de una escoba,
tocando el viejo piano, que en tus manos renace,
con música que los hijos nunca olvidaremos.

Gracias por la familia que nos diste.
Gracias por el sacrificio de dejar de existir,
tú, que no naciste para vivir en este siglo
y yo, creo que tampoco.

(21/ feb/ 1969 – marzo /2018)

31) SOLEDAD

Soledad, soledad siempre soñada... Te amo tanto, que temo
a veces que Dios me castigue algún día llenándome
la vida
de ti...

Dulce María Loinaz
(Poema XXX)

Eres única compañía de los que nada tienen.
Eres única verdad de los que viven
rodeados de silencios.
Eres la amenaza permanente.
Siempre escondida.
Siempre presente detrás de cada puerta de la vida.

Soledad,
si llegas nunca te vas,
porque dejas la marca,
dejas la herida,
dejas el miedo,
dejas el dolor de lo que no se olvida.

Soledad, soledad...
Solo tu compañía es lo inevitable,
cuando inevitable es morir en vida,
cuando las almas no encuentran almas,
cuando la muerte se ha ido
y nos olvida.

Soledad... ¡Horror de la existencia misma!
Quiérase o no,
nadie se libra definitivamente
de sentirte presente algún día,
porque eres lo que existe,
siempre detrás de los silencios,
siempre amenazante,
siempre oculta,

siempre escondida detrás de la nada,
batiéndote en retirada cuando llega la dicha,
pero dejando huellas,
dejando temores de tu regreso impredecible,
porque siempre existes,
aun cuando estemos rodeados de alegrías.

¡Oh Soledad…!
¡Reina de todos los silencios!
Eres la amante perfecta de cada penitente,
que cura tras barrotes reales o virtuales
las más viejas heridas,
siempre en acecho,
siempre escondida,
detrás de cada puerta de la vida.

(15 / abr / 2018)

32) LA HUELLA QUE EL TIEMPO DEJÓ

Pasa el tiempo volando,
como pasa volando el Sol.
Lo busco,
lo busco en los cielos azules,
y en el mar,
donde el tiempo es eterno y silente.
La gaviota pica el agua,
y en los cielos, el águila busca el Sol;
y hasta el pequeño abejorro
increíblemente vuela
y la teoría le mira
y no cree lo que miró.
Pasan entonces las nubes,
adornando los espacios
y a veces, tapan al Sol.
Y en las noches va la Luna,
que enamorada de Venus

en momentos de pasión,
juntas caminan los cielos,
mientras hacen el amor.

Y así pasan y pasan los días,
y el tiempo nunca pasó.
¿Acaso será como el viento?
Deja la huella a su paso:
si es con fuerza, es de tormenta;
y si es de brisa, es de amor.
Pero nunca visible a la vista,
nunca enseña su color.

Sí, ciertamente es como el viento,
se oculta de noche y de día,
deja su huella en la vida,
es nuestro único reloj,
y si pasa con dulzura,
deja un poema de amor.

(8/ dic/ 2019)

33) AIRE MUERTO (por definición...).

(Inspirado en una imagen dada por Dulce Ma. Loynaz, en la novela *Jardín*)

Imagen perfecta para invocar el silencio:
Biblioteca que nadie visita
(solo la pequeña niña, que va creciendo);
muebles cubiertos de polvo;
polvo sin movimiento;
libros dormidos para siempre;
olores extraños que nadie respira;
oscuridad de convento;
telarañas; polillas;
ácaros en conserva;
imagen fija en el espejo:
¡Aire muerto!

Sin jardín y sin Loynaz – Por Alberto C. Toppin

(16/ sept/ 2020)

34) MENSAJE NOCTURNO...

(año 146 aC - Publio Cornelio Escipión Emiliano marcha hacia Numancia ...)

Si de soñar se trata, solicito licencia a Dulce Mª, para escribir este poema.

Miré al cielo y me impactó
lo que nadie había visto.
Allí estaba, como un mensaje divino.
Imagen única de un cuadro perfecto,
grabado en las nubes de un cielo dormido.
Espectacular salida del sol nocturno,
construida al pastel,
con nubes sin alas,
detrás de una escuadra de soldados armados,
como guardia pretoriana que cuida al destino.
¿Puede la naturaleza construir una imagen
que pintor alguno ha concebido?
No interpreto los misterios de la noche,
ni siquiera soy adivino,
pero allí,
en el silencio del cielo dormido,
no quepa la menor duda,
un mensaje divino fue escrito...

(5/ julio/ 2020)

35) COMO LA ROCA ESPERA LA MAR

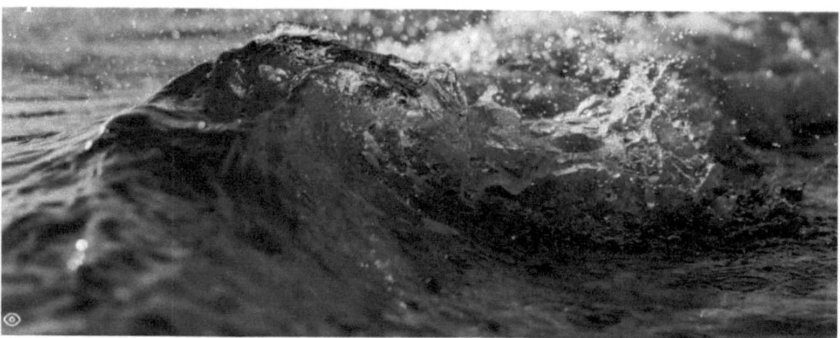

Es de madrugada,
tiempo perfecto para amar.
Pero estás dormida,
solo tu respiración penetra el silencio,
como si fuese el rumor del mar.

Disfruto de tu presencia,
como la roca disfruta de la marea,
como el agua en el agua,
de día y de noche,
dejándose amar.

Seguramente sueñas...
Yo sueño cuando disfruto de tu presencia,
como la roca espera la mar
como el agua en el agua,
amándote siempre en silencio,
soñando despierto en la madrugada,
tiempo perfecto para amar.

CUANDO VAYAMOS AL MAR
Dulce María Loynaz

Cuando vayamos al mar
yo te diré mi secreto...
Mi secreto se parece
a la ola y a la sal.

Cuando vayamos al mar
te lo diré sin palabras:
Por debajo del agua quieta,
desdibujado y fugaz,
mi secreto pasará
como un reflejo del agua,
como una rama de algas
entre flores de cristal...

Cuando vayamos al mar
yo te diré mi secreto:
Me envuelve, pero no es ola...
Me amarga... pero no es sal...

(23/ nov/ 2019)

36) NOCTURNAL

Vagando las calles
solitarias
de la ciudad dormida,
el distraído caminante
no sabe por qué camina.

Solo medita.
Su mente es un silencio de palabras que riman,
dejando a su paso la estela
de una sutil melodía.
Calle tras calle, sin premeditado destino,
su ciudad camina.
Simplemente camina...

El tiempo no existe,
solo palabras que riman o no riman;
solo sus pasos ambulantes
que no dejan huellas,
aunque dejan vidas.

Detrás va quedando la ciudad dormida;
y al frente, cerrándole el paso, el mar,
con su música nocturna que fascina.
Ni siquiera se percata de que la ciudad se acaba,
y que la sombra de su cuerpo ya no le sigue,
se pierde en la marea que nos trae la vida.

Detrás han quedado las calles solitarias,
los enamorados semi desnudos que hacen su nido,
los errantes que duermen en cualquier parte;
y en su mente,
sumando palabras que riman o no riman,
acompañadas de una sutil melodía,
solo ha quedado la poesía.

(4/ mayo/ 2020)

37) NAUFRAGIO

Ay qué nadar de alma es este mar! / ¡Qué bracear de náufrago y qué hundirse / y hacerse a flote y otra vez hundirse! / ¡Ay qué mar sin riberas ni horizonte, / ni barco que esperar! Y qué agarrarse / a esta blanda tiniebla, a este vacío / que da vueltas y vueltas... A esta agua / negra que se resbala entre los dedos.../ ¡Qué tragar sal y muerte en esta ausencia / infinita de ti!

(Naufragio – Dulce María Loynaz)

Amenaza la tormenta en la distancia
y el tiempo comienza a cambiar.
Las serenas aguas poco a poco se inquietan,
y en la barca los instrumentos avisan al
navegante,
pero nadie escucha el aviso,
nadie quiere escuchar:
lleva la barca dos vidas que solo saben amar.

En minutos la tormenta ya es tormenta.
El horizonte no existe,
cielo y mar no se pueden separar.
Con fuerza terrible la tormenta avanza.
Grandes olas golpean al pequeño yate;
gritos terribles apenas se pueden escuchar.

Los dos enamorados se abrazan,
Solo les queda esperar...

En esta desesperanza,
de existir o naufragar,
rezar no tiene sentido porque no salva la vida,
solo el instinto puede salvar.
Cruje la barca y las aguas la devoran,
parece que es el final...
Es imposible saber el tiempo transcurrido.
Sobre el mar, todavía embravecido, cae la tarde;
flotan los restos del navío,
nada más.

Poco a poco retorna la calma.
El día se hace noche,
la noche, soledad.
Ya casi amanece,
y en la orilla de una playa solitaria,
mojados por las aguas de la marea,
dos cuerpos están…

La vida es algo grandioso,
no importa lo demás.
Casi sin ropas, casi sin vida,
las horas no existen.
Solo existen dos cuerpos bañados por el mar.
No rezan ni dan gracias a la vida:
solo saben amar... (14/ mayo/ 2020)

38) NI FOTOGRAFÍA NI RETRATO

Realismo inmejorable.
Copias la realidad en un instante
sin ser un plagio.
Nunca te equivocas.
Logras la imitación perfecta de lo que miras.
y puedes ver, incluso, el alma de los humanos.

No existe artista o máquina que te pueda superar.
Sin proponértelo,
haces feliz al que quiere verse cada día.
Si es narcisista quedará fascinado;
pero haces desgraciado al que tiene miedo de sí mismo,
o al que su alma nunca ha mirado.

Tu mayor virtud: la sinceridad absoluta;
jamás mientes, ni ante la muerte;
jamás ocultas un detalle;
muestras la imagen perfecta,
no importa si existe un pacto con el diablo...

Tu mayor defecto: ser insensible,
frió cristal que nunca te equivocas,
y muestras como nadie el alma de los humanos.
Por eso algunos, sin que seas mágico,
te veneran, te adoran;
y otros... te rompen en pedazos. (27/ mayo/ 2020)

39) MENDIGOS

En una de esas viejas calles de mi ciudad,
en sus rincones sucios;
calladas de silencios;
llenas de chismes detrás de cada puerta;
de amores ocultos que todos conocen;
del comercio negro vestido de blanco;
en una de esas calles,
cual Trocadero llena de historias,
ahora entre sombras,
detrás de las columnas de edificios eternos,
habita el mendigo, que vive su suerte,
el mismo que en la mañana –todavía-
da al caminante los buenos días cada día.

(27/junio/1969 – Junio/2019)

40) PEQUEÑO POEMA FUERA DEL TIEMPO

Por mucho que lo intente no puedo dejar de percibir
que estoy viviendo en el tiempo equivocado.
Lo siento cuando leo las páginas
de un viejo libro, que parece nuevo.
Lo siento cuando escribo un nuevo poema
y me parece que antes ya lo he creado.
Simplemente siento como que vivo
en un siglo ya pasado.

Es fantástico imaginar por momentos
que vivo en un pequeño pueblo,

escondido, oculto, olvidado,
acaso en otro mundo,
en un mundo apasionado,
y al mismo tiempo silente,
como lo fueron los tiempos de Chaplin...
Sí, un mundo fascinante,
donde los días no pasan cada día;
donde las horas pasan una vez al año;
donde los poetas no cobran sus derechos;
porque es derecho de todos vivir enamorados.

(26/abril/2019)

41) CADA QUIEN PERSIGUE SU ESPERANZA

Quiero despertar la sed de tus delirios,
cuando tus delirios levanten al Sol cada mañana.
Quiero vivir siempre pendiente de tus destinos,
como astrónomo que busca su cometa en la madrugada.

Quiero pensar que siempre habrá Sol,
y habrá cometas,
porque no faltarán delirios que
levanten al Sol
cada mañana,
y nunca faltará un Halley que busque
su Sol,
porque siempre habrá astrónomos
registrando
los cielos,
en cada madrugada.

Mirador de Dulce María Loynaz -Tenerife

Por eso, quiero vivir por siempre,
quiero perseguir delirios, soles, cometas,
pleno de añoranzas.
Quiero ser astrónomo incansable
detrás de tu existencia,

porque solo quien persigue encuentra su esperanza. (24 / mar / 2018)

42) ¿QUÉ ES EL AMOR?

"El amor es un perfume, el rastro de un perfume [...]; mejor aún, el deseo de un perfume." Dulce Mª Loynaz.

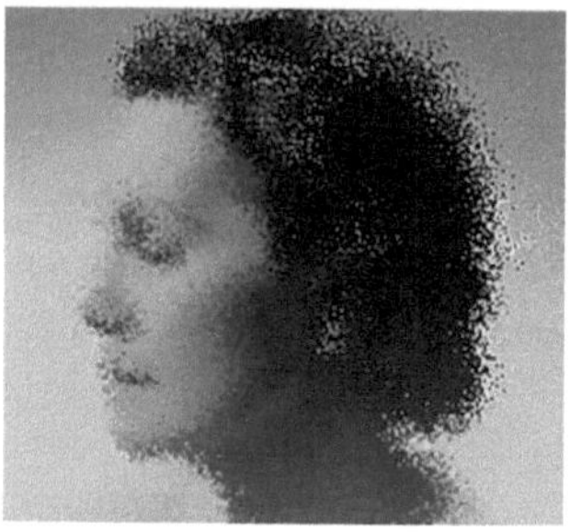

Definición más pura es imposible de encontrar...
¿Amor es posesión o es deseo de amar?
Quiero aspirar el amor... Aspirar la vida...
Aspirar humanidad...
¿Se puede pedir más?

Es ser presencia desde la ausencia.
Es la página en blanco de un poema que será.
Es querer desesperadamente al amor imposible.
Es morir de amor, sin vivir el amor.
Es desear el amor, respirando su olor.
Es solo un perfume...

Ser un deseo... Ser lo que será...
Ser un deseo es existencia total,
es tenerlo todo,
es la existencia primigenia,
es platonismo existencial...
¿Qué más se puede alcanzar en la vida,
que ser el rastro de un deseo universal?
O mejor aún...
¡Querer ser, y ser sin estar! (7/ octubre/ 2020)

Amor es...

Amar la gracia delicada
del cisne azul y de la
rosa rosa;
amar la luz del alba
y la de las estrellas que
se abren
y la de las sonrisas que
se alargan...

43) SENTIDO DE IDENTIDAD

¿Quién soy y por qué soy?
¿Acaso sabe la abeja que es una abeja?
¿Acaso sabe la flor que es una flor?
A su manera probablemente lo sepan.
Todos en la naturaleza tienen identidad propia,

y lo saben...
Un delfín sabe muy bien que no es un tiburón.

Pero...
¿Acaso sabe la abeja por qué es abeja;
y la flor por qué es flor?
Seguramente NO.
En la naturaleza,
ni siquiera el hombre sabe por qué sabe
lo que piensa que sabe.
Es el gran secreto de la existencia;
es el gran misterio sin solución:
¿Por qué somos lo que somos?
¿Acaso lo sabe Dios?

(13/ sept/ 2020)

44) ESPEJOS

Testigo de secretos de muchos siglos,
viven en palacios o humildes lugares.
Historias que no son historias:
Imágenes absurdas
(pornográficas incluso);
metáforas que son reales;
Son fieles a ningún dueño,
espían a todas los bandos:
amantes, gobiernos, empresarios,
crímenes pasionales...
Historias vividas por espejos,
testigos de secretos no revelados.
Todos los espejos son sordomudos,
hacen voto de silencio,
y tramitan pactos con el Diablo...

(22/ sept/ 2020)

45) EL VIENTO Y TÚ

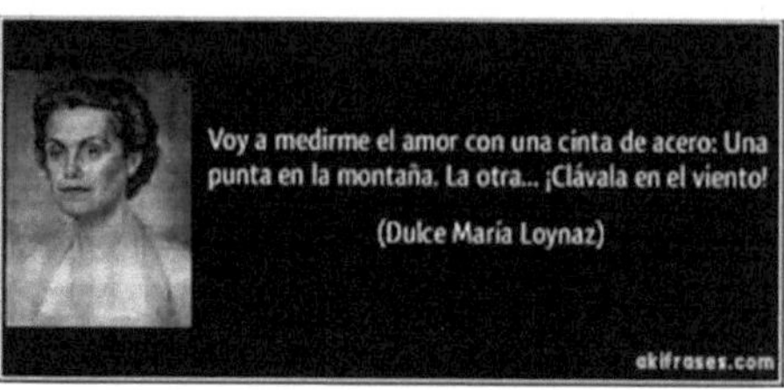

Sopla el viento y cuando sopla
nadie le ha visto soplar.
Es una fuerza invisible,
apacible cuando es beso,
imparable en tempestad.
Existe porque sentimos su presencia presencial
y sentimos en su ausencia
un silencio sepulcral.
Yo siento que eres como el viento,
a veces invisible, como la brisa que abraza,
y a veces terrible, como un temporal.
Y en medio de los silencios que como el viento dejas,
tus silencios son misterio,
momentos impredecibles que se pueden desatar.
¿Acaso estaré en el vórtice de tu tormenta mental,
en tu zona de silencio onírico,
y lo peor de lo mejor está por comenzar?

(13/ mar/ 2020)

46) SOÑANDO SER QUIJOTE

Quisiera escapar de los tiempos vividos
con un solo poema llevándolo en la mano,
como quien lleva la bandera
que en vida ha defendido,
sintiendo el redoblar del himno
que ha cantado.
Así con la poesía abriéndome camino,
al frente de poetas que siguen mi jornada,
cargaré de poesías mi mochila de lino,
para defender por siempre la lengua castellana.
Es bello el pensamiento que ahora me motiva,
creyéndome guerrero con escudo y espada.

Escudo en la defensa de la lengua querida.
Espada en la pluma que nunca se calla.
Más soy simple poeta que escribe cada día,
con la constante idea de vivir batallas,
soñando ser Quijote que viene de la Mancha,
escribiendo versos que me salen del alma.

(8/ marzo/ 2019)

47) ANTAR

Naciste para el amor, viviste para matar.
Antar, poeta guerrero,
héroe de leyenda que vives en el tiempo,
amante de Abla,
encarnación caballeresca hecha novela,
narración fantástica de amor total.
Fuiste el guerrero auténtico que nace sin historia,
que no tuvo herencia ancestral.
Hijo de nadie, tan solo de la vida;
hecho para la guerra, aventurero nato,
jefe natural.
Hiciste historia venciendo batallas
que no están en los libros de Historia,
porque trascendiste como poeta guerrero,
amante de Adla,
que quizás inspiraste historias quijotescas
aunque tal hipótesis nunca se pueda probar.
Antar, guerrero olvidado,
héroe de leyenda que vives en viejos libros,
narración fantástica de amor eterno,
que necesitas de la pasión ardiente para ser héroe,
para poder matar.

(25/ mayo/ 2020)

48) DESPERTAR

Amanece,
todavía estoy entre dormido y despierto.
la habitación se mantiene en penumbra,
porque permanece cerrada,
solo se escucha el suave ronroneo del ventilador,
como monotonía de fondo,
que adormece,
mezclando sonido y brisa en una sola dosis,
en el letargo de la mañana.

Tras el ventanal la vida comienza.
el bullicio de las aves me despierta.
abro la puerta que da al patio,
y varios gorriones se disputan su hembra
revoloteando entre los barrotes
de la ventana.
De pronto las aves se asustan y levantan el vuelo;
el susto gorrionero puede más que la pasión,
todos vuelan en distintas direcciones,
en tanto la vida renace,
solo yo quedo en mi jaula,
sintiendo la vida que pasa,
mirando las calles de la Habana.

(8/junio/2019)

49) QUIERO *PENSAR*

Con tantas estrellas en el cielo
quiero pensar que alguna me pertenece,
¿pero cuál?
Con tantos granos de arena en el desierto
quiero pensar
que a cada estrella del cielo
un grano le pertenece,
¿pero cuál?

Quiero pensar que en ese inmenso universo
existe realmente
la unidad de fuerzas soñada por los físicos;
y existe una unidad espiritual
entre estrellas, desiertos y seres humanos,
con un solo nombre y apellido,
clavado en el ADN universal,
ese que nos identifica como almas únicas,
a través de nuestras múltiples vidas,
si es que las hay.
Entonces estaremos viviendo una sola historia personal.
Pasarán generaciones y generaciones
y quiero pensar
que cada alma siempre tendrá
su estrella en el universo que le guía,
su grano terrenal por qué luchar
su alma gemela que siempre le sigue,
y si lo necesita
también tendrá para siempre
en la vida y en el más allá,
su Dios personal.

(7/ mar/ 2020)

50) ADELFOS Y RETRATO

(Recordando a los hermanos Machado)

Poemas autobiográficos que unen
sentimientos hermanados,
de dos humanidades nacidas de incunables
historias familiares.
Marcas de agua separadas por la vida
sin respetar el pasado.

Poesía melancólica que une en silencio
a dos hermanos.
Poesía modernista de inconformes poetas
construida a dos manos,
cada quien construyendo su historia
cada quien tirando para su lado.

Soledades diferentes que vienen del pasado,
gestadas casi con las mismas ideas primigenias
de una familia ilustre
y con las mismas manos.
Soledades nacidas en una España de difíciles
conflictos humanos,
pero España, al fin o al cabo.

Religión y filosofía,
metafísica como resultado
Poesía melancólica que une en silencio
a dos hermanos,
como el agua que corre,
como el agua en el agua,
en un solo Machado.

(23/ enero/ 2021)

F I N

Printed by Books on Demand GmbH, Norderstedt / Germany